Frida Kahlo & Diego Rivera

© 2023 Midas Collection

ISBN 978-3-03876-252-2

1. Auflage

Übersetzung: Martina Panzer
Lektorat: Silvia Bartholl
Layout: Ulrich Borstelmann
Projektleitung: Gregory C. Zäch

Midas Verlag AG
Dunantstrasse 3, CH–8044 Zürich
E-Mail: kontakt@midas.ch
www.midas.ch

Spanische Originalausgabe:
Frida Kahlo y Diego Rivera
© 2023 Mosquito Books Barcelona
Text © 2023 Francesca Ferretti de Blonay
Illustrationen © 2023 Tània García

Printed in Europe

Die deutsche Nationalbibliothek verzeichnet diese Publikation in der
Deutschen Nationalbibliografie; detaillierte bibliografische Daten sind im
Internet unter www.dnb.de abrufbar.

FRANCESCA FERRETTI DE BLONAY • TÀNIA GARCÍA

FRIDA KAHLO & DIEGO RIVERA

MIDAS

MEXIKO

1920er-JAHRE

Das Land verabschiedet sich von der Diktatur. Der Wirtschaft geht es immer besser, Kunst und Kultur befeuern den Schwung, mit dem ein neues Mexiko entsteht.

WO?

Der Wind der Freiheit weht durch Mexico City. Die Stadt wimmelt von Menschen und schläft nie – die Nächte sind bunt und lebhaft. Die Lebensfreude ist groß, trotz der sozialen Ungleichheit.

MEXIKANISCHE KUNST

In der Kunst werden die Werte und Farben Mexikos gefeiert. Die Künstlerinnen und Künstler – allen voran Frida Kahlo und Diego Rivera – lassen sich von der Geschichte des mexikanischen Volkes inspirieren.

WANDMALEREI

Die Wandmalerei ist eine überlieferte Kunstform in Mexiko. Die über-
lebensgroßen Botschaften sind ein ideales Werkzeug für Propaganda.
Die drei großen Wandmaler des frühen 20. Jahrhunderts heißen José
Clemente Orozco, David Alfaro Siqueiros und Diego Rivera.

ABSTRAKTE KUNST

Gleichzeitig entscheiden sich zahlreiche Künstler für die abstrakte
Kunst als Ausdrucksform und brechen so mit der realistischen und
gegenständlichen Kunst.

WANN?

1928 lernen sich der bekannte Künstler Diego Rivera und die
talentierte Frida Kahlo kennen. Er ist mehr als 20 Jahre älter
als sie, aber es ist Liebe auf den ersten Blick.

HELADOS
5¢

Die 1930er

ZWISCHEN ZWEI KRIEGEN

Börsenkrach 1929: Die Börse an der Wall Street verzeichnet massive Kurseinbrüche, Banken gehen bankrott, und die Menschen verlieren ihre Arbeit. Eine Krise mit weltweiten Auswirkungen!

1937: **Picasso** prangert mit seinem Bild »Guernica« die Grauen des Krieges und die Diktatur in Spanien an.

Das faschistische Deutschland unter Adolf Hitler stürzt die Menschen in den **Zweiten Weltkrieg**.

In den Vereinigten Staaten macht der berühmteste Gangster des 20. Jahrhunderts, **Al Capone**, Schlagzeilen.

Paris dominiert die Welt der Mode. **Coco Chanel** führt ihre ersten Modeschauen durch.

Der **Feminismus** fordert das Wahlrecht für Frauen. In Frankreich wird die engagierte Schriftstellerin **Simone de Beauvoir** zur Ikone der Frauenbewegung.

VOTES FOR WOMEN

Die deutsche Schauspielerin und Sängerin **Marlene Dietrich** wird mit dem Oscar als beste Hauptdarstellerin im Film »Marokko« ausgezeichnet.

Die amerikanische Sängerin und Tänzerin **Josephine Baker** spielt eine bedeutende Rolle im französischen Widerstand. Sie bringt den **Charleston** nach Frankreich.

Das Kino wird mit Filmen wie **King Kong, Die Abenteuer des Robin Hood** oder **Vom Winde verweht** immer beliebter.

FRIDA

Frida Kahlo wird am 6. Juli 1907 in Coyoacán,
Mexiko, geboren. Sie leidet an Kinderlähmung,
weshalb ein Bein und der Fuß verkrüppelt sind.
Dennoch ist die kleine Frida ein lebhaftes und
fröhliches Kind. Mit 15 Jahren schließt sie sich
den »Cachuchas« (Kappen) an, eine Gruppe
rebellischer, intelligenter und kultivierter
Schülerinnen und Schüler, die im Unterricht
mit Streichen ihren Spaß treiben.

DER UNFALL

Frida ist 18 Jahre alt und sprüht vor Lebensfreude! Als sie im September 1925 in den Bus steigt, ahnt sie nicht, wie sehr sich ihr Leben verändern wird. Der Bus kollidiert mit einer Straßenbahn. Mehrere Menschen sterben. Frida erleidet zahlreiche schwere Verletzungen. Nichts ist mehr so wie vorher.

MALERIN

Nach ihrem Krankenhausaufenthalt muss Frida weiterhin das Bett hüten und kann sich monatelang nicht bewegen. Ihre Mutter lässt einen Spiegel und eine Staffelei über ihrem Bett anbringen. Frida beginnt zu malen und entflieht so ihrem verletzten Körper.

UMFELD

Drei Monate nach dem Unfall ist Frida immer noch ans Bett gefesselt. Ihr Verlobter hat sie verlassen, und die Ärzte sind wenig optimistisch, dass sie jemals wieder ein normales Leben führen kann. Selbst mit der liebevollen Unterstützung ihrer Familie ist das kein lustiges Leben! Eingeschlossen in den vier Wänden ihres Zimmers und mit ihrem Gesicht als einzigem Modell malt sie eine ganze Reihe von Selbstporträts. Und die sind mehr als gut! Frida ist begabt. Sie erfasst Gemütszustände bestens und spiegelt sie in ihren Bildern wider.

Eines Tages fängt sie entgegen allen Erwartungen wieder zu gehen an. Hurra! Ihr Metallkorsett kann sie jedoch genauso wenig ablegen wie die Schmerzen. Aber ihr Lebenswille ist ungebrochen. Frida sprüht vor Energie, ganz wie das Land Mexiko, das sie so liebt und von dem sie die Kraft schöpft, um Schritt für Schritt in ein normaleres Leben zurückzukehren.

Sie taucht ein in das harmonische Chaos der Großstadt und lässt sich davon inspirieren. Das Leiden und die Lebenslust werden die beiden Konstanten in ihrem Leben bleiben.

KÜNSTLERISCHES UNIVERSUM:
die eigene Realität, ihr Land

Frida Kahlo ist eine Meisterin der Selbstporträts. Von den etwa 200 Werken, die im Verlauf ihrer Karriere entstehen, hat sie sich auf 55 selbst dargestellt. Damit gibt sie sich nach ihrem Unfall eine neue Identität.

Ihr farbenfrohes, energiegeladenes Bilduniversum spiegelt ihr geliebtes Mexiko wider: die Vegetation, die Farben, die vorkolumbianische Kunst der Indios, die traditionelle Kleidung, die sie auch selbst trägt, ihre eigenen Wurzeln und die Symbole der Indigenen.

Ein künstlerisches und geistiges Vorbild hat Frida nicht, sie ist eine Freidenkerin. Nur manchmal lassen sich Einflüsse der Renaissance-Kunst oder des jungen Henri Matisse erkennen. Vor allem aber ist sie eine kultivierte, avantgardistische Frau, die die Realität, ihr Leiden, ihr Leben als Frau und ihre kommunistische Überzeugung auf die Leinwand bringt. Manche ihrer Bewunderer bezeichnen ihren Stil als magischen Realismus.

EINE PERSÖNLICHKEIT

Frida ist eine leidenschaftliche Frau. Ihre Ideen, ihre Freunde und ihre Kunst verschmelzen zu einer großen Quelle der Inspiration. Frida überdenkt, was sie liebt, und sie liebt, was sie malt: Aus allem spricht das Herz. Ihr Humor und ihre exotische Schönheit machen sie zu einer faszinierenden und attraktiven Persönlichkeit. Zu Lebzeiten verkauft sie nicht viele ihrer Werke, aber als Mensch hat sie unglaublichen Erfolg.

Der schwere Unfall hat Fridas Schicksal und ihr Werk geprägt. In der Malerei setzt sie sich mit ihrem Leiden auseinander. Sie malt ihre Wirklichkeit, ihre Erfahrungen als Frau und spätere Ehefrau ohne Tabus und gibt dabei viel von ihrer Intimität preis.

Sehr schnell wird Frida zum Symbol der Weiblichkeit – nicht nur in Mexiko, sondern auf der ganzen Welt. Dreimal wird sie schwanger, doch keines der Kinder erblickt das Licht der Welt. Tiefe Trauer spricht aus vielen ihrer Bilder. Ihr Leiden wird zur Kunst.

An dieser Stelle dürfen wir Diego nicht vergessen. Fridas Ehemann wird zum zentralen Thema ihres Werkes. Er ist allgegenwärtig in ihren Bildern, ihrem Geist und ihrem Herzen.
Im Tagebuch schreibt sie:

Diego — mein **Mann**

Diego — mein **Freund**

Diego — meine **Mutter**

Diego — mein **Vater**

Diego — mein **Sohn**

Diego — **Ich**

Diego — **Universum**

DIEGO

Diego Rivera wird am 8. Dezember 1886 in Guanajuato, einer Berg-bau-Stadt in Zentralmexiko, geboren. Er ist ein neugieriges Kind, das mit großer Begeisterung malt. Nach seinem Kunststudium begibt er sich auf eine Erkundungsreise durch sein Heimatland. Dann erhält er ein Stipendium, um in Europa zu studieren. Davon hat er schon immer geträumt! In Paris trifft er Pablo Picasso, Georges Braque und viele andere Künstler. Schließlich kehrt er nach Mexiko zurück.

WANDMALER

Meist malt Rivera an der Staffe-lei, doch es sind seine Wandbilder (»murales«), die ihn weltberühmt gemacht haben. Mit seinen großen Fresken, die die Ursprünge Mexikos darstellen und die Geschichte des Volkes erzählen, trägt er zur Erneu-erung der mexikanischen Kultur bei.

KOMMUNIST

Diego ist Genie, Wüterich und Lebe-mann zugleich, vor allem aber ist er Idealist, der die Welt verändern will. Seine Ideen haben die ganze Welt erobert. Alles, was für ihn zählt, sind seine Kunst und sein Engagement – und natürlich Frida!

UMFELD

Nach seiner Rückkehr aus Europa fertigt Diego Rivera sein erstes Wandgemälde an. 12 Stunden am Stück steht er in seiner blauen Latzhose hoch oben auf dem Gerüst und malt. Seine Frau Lupe bringt ihm beinahe täglich das Mittagessen, doch fast immer streiten sich die beiden, und sie geht verärgert nach Hause. Die Konflikte sind ein gefundenes Fressen für die Presse.

UNIVERSUM

Ganz wie die Maler der italienischen Renaissance liebt es Diego, sein Publikum zu schockieren. Er nutzt die Kunst, um zu belehren. Seine riesigen Wandbilder sollen dem Volk die Werte Mexikos so näherbringen, damit es sich mit ihnen identifizieren kann. Seine großen Fresken erzählen mehr als eine Geschichte und lassen sich vielfach wie ein offenes Buch lesen. Sein Werk ist das eines großen Humanisten, für den das menschliche Dasein von zentraler Bedeutung ist.

ANERKENNUNG

Diego ist eine so außergewöhnliche Persönlichkeit, dass er schon bald zur Legende wird. Seine weltweit bekannten Werke verschaffen ihm internationales Renommee und den Respekt der zeitgenössischen Künstlerinnen und Künstler.

THEMEN

Ohne sein Notizbuch geht Diego nicht aus dem Haus. Er notiert alles, was er sieht. Er malt die Welt, die ihn umgibt. Zu seiner Zeit sieht sie so aus: Fortschreitende Industrialisierung, Anhäufung von Vermögen, die Reichen werden immer reicher und die Armen fordern ihren Anteil an den Ressourcen. Diego stellt seine Kunst in den Dienst des Volkes. Jeder soll seinen Platz haben, jeder Mensch soll wertgeschätzt werden. Seine Leidenschaft für die Kunst der mexikanischen Urbevölkerung wie der Inka oder Maya begleitet ihn ein Leben lang.

Er stellt eine Sammlung mit Tausenden Kunstwerken aus den Zeiten vor Kolumbus zusammen, die im Museo Diego Rivera Anahuacalli zu bewundern ist. Neben den großen Wandbildern malt er weiterhin Szenen aus dem Leben der Indigenen, aber auch Selbstporträts. Vor keiner Kunstform schreckt er zurück, ganz als sei er mit dem Pinsel in der Hand geboren worden. Diego zieht alle Register und ist höchst talentiert.

VORGESCHICHTE

Als Frida Diego zum ersten Mal trifft, ist sie noch ein junges Mädchen. Zu dieser Zeit arbeitet der Künstler an einem Wandbild im Auditorium von Fridas Schule. Rivera ist berühmt, und Frida verbringt viele Stunden damit, ihn auf seinem Gerüst zu beobachten. Mehr als 20 Jahre liegen zwischen den beiden!

KENNENLERNEN

Nach einer Versammlung der kommunistischen Partei im Jahr 1928 begegnen sich die beiden zum ersten Mal offiziell im Haus der berühmten Fotografin Tina Modotti. Hier finden immer wieder legendäre Partys statt. Frida versucht, ihren Unfall zu vergessen, und hat nur ein Ziel: Sie will sich amüsieren! Von diesem Tag an sind Frida und Diego nie mehr getrennt, zumindest fast nie mehr ...

BEWUNDERUNG

Eines Tages lädt Frida Diego in ihr Atelier ein. Diego
ist von der Intensität ihrer Porträts höchst angetan
und rät ihr weiterzumalen. Damit beginnt eine
echte Liebesgeschichte, die von der gegenseitigen
Bewunderung der beiden lebt.

DIE KUNST

Diego verewigt Frida in Gestalt einer jungen Revolutionä–
rin in einem seiner Wandbilder. Immer wieder ermutigt er
sie zum Malen, denn er ist ihr größter Bewunderer. Frida
begleitet ihn nach San Francisco, New York und Detroit
und spielt die Rolle der Frau an der Seite des großen
Malers perfekt. Ihre Persönlichkeit und ihre exotische
Schönheit sind fast ebenso verführerisch wie das Talent
ihres künftigen Gatten.

DIE LIEBE

Diego hat seine Frau und die beiden Töchter verlassen. Am 21. August 1929 heiraten Frida Kahlo und Diego Rivera. Sie gehören zusammen wie Salz und Pfeffer. Sie teilen den gleichen Kunstgeschmack, die gleiche politische Überzeugung – und ihre Liebe zu Mexiko. Die vielen Jahre, die zwischen ihnen liegen, kümmern sie nicht einen Deut.

Zwei Menschen, die einander enorm schätzen und leidenschaftlich lieben. Ihre Liebe entspricht dem Bild des Hauses, das sie nach ihrer Rückkehr aus den Vereinigten Staaten beziehen:

»Zwei Häuser, das große rosafarbene und das kleine blaue, stehen einander gegenüber und schauen sich an. Vereint und getrennt, wie eine geschickte Antwort auf die unmögliche Gleichung des Paares: zusammenleben, aber nicht zu sehr.«

Claire Berest, *Rien n'est noir*

VERFLECHTUNG

Frida malt ihre innere Welt, während Diego die äußere Welt beobachtet. Jedem sein Universum! Auch wenn Diego immer wieder in Fridas Bildern zu sehen ist, behält jeder der beiden seine Individualität, ohne den anderen jemals aus dem Blick zu verlieren.

VERFÜHRERISCH UND EXPLOSIV

Ein renommiertes Künstlerduo. Sie verzaubern durch ihr Talent und ihre Persönlichkeit. Bis zu dem Tag, an dem das Gewitter aufzieht. Die Zeit hat ihre Leidenschaft auf die Probe gestellt, und die beiden führen heftige Streitgespräche. Doch trotz dieser Wolken ist ihre Liebe allgegenwärtig.

EMANZIPATION

1938 stellt Frida ihr Werk zum ersten Mal in einer Galerie in Manhattan, New York, aus. Mit außerordentlichem Erfolg. Wenig später unterschreibt sie einen Vertrag für eine von André Breton, dem Vordenker des Surrealismus[1], organisierte Ausstellung in Paris. Frida wird von anderen Künstlern bejubelt: Pablo Picasso, Marcel Duchamp, Max Ernst und Juan Miró.

[1] **Surrealismus:** In Frankreich entstandene Kunstrichtung, die sich auf das Unwirkliche konzentriert, auf den Traum als Überwindung der Wirklichkeit.

ERNEUTE HEIRAT UND ENDE

Die Ehe ist angeknackst, und das Paar lässt sich 1939 scheiden. Daraufhin vertieft sich Frida ganz in ihre Arbeit und malt ihre schönsten Bilder. Doch sie fühlt sich einsam und trinkt zu viel. Sie wird immer kränker.

Die Casa Azul beherbergt einen richtigen kleinen Zoo: Rehe, Affen, Turteltauben, Papageien, Wellensittiche, Hunde … Umgeben von ihren Freunden und ihrer Schwester Cristina gewinnt Frida hier wieder Freude am Leben. Schließlich findet sie zu Diego zurück, und die beiden heiraten erneut.

DAS LEBEN, DER TOD

Fridas Gesundheitszustand verschlechtert sich so sehr, dass sie ihre letzte Ausstellung (1953) von einem in der Mitte des Saales aufgestellten Bett aus eröffnet. Sie ist vollgepumpt mit Medikamenten und leidet, aber Diego ist bei ihr.

Am 13. Juli 1954 stirbt sie in der Casa Azul. Hier richtet Diego zu Ehren Fridas einen wunderbaren Museumsgarten ein. Er selbst stirbt am 24. November 1957 und hinterlässt das bedeutende Werk eines außergewöhnlichen Künstlerpaares und die Geschichte eines spannenden Lebens.

Zu ihrer Zeit galt Frida als Ehefrau des großen Wandmalers Diego Rivera. Heute betrachtet man ihn als den Ehemann der großen Frida Kahlo. Fridas Einsatz für die bedürftigsten Menschen der Gesellschaft verdient Respekt. Ihre Weiblichkeit fasziniert, ihre legendären Augenbrauen, die an Vogelschwingen erinnern, sind auf der ganzen Welt berühmt.

INSPIRATION

Unter dem Einfluss von zwei zerstörerischen Kriegen und zahlreichen Krisen durchlebten Frida und Diego eine Zeit künstlerischer Kreativität. Es scheint, als hätten die beiden die Notwendigkeit gespürt, sich auszudrücken und unvergessliche Werke zu schaffen.

UNSTERBLICH

Frida ist überall: auf Tassen, T-Shirts, Topfhandschuhen, Smartphone-Hüllen. Unzählige Produkte sind heute mit ihrem Porträt in den leuchtenden Farben Mexikos geschmückt. Eine wahre »Fridamanie«! Ihre Werke sind in den größten Museen der Welt ausgestellt. Frida ist – wie jedes Genie – unsterblich.

BERÜHMTE ZITATE

Frida Kahlo

»Füße? Wozu brauche ich Füße,
wenn ich doch Flügel habe, um zu fliegen?«

»Eines weiß ich gewiss: Ich brauche die Malerei. Ich
male das, was mir durch den Kopf geht, ohne dabei an
etwas anderes zu denken.«

.

»Ich male nie Träume oder Albträume,
sondern meine eigene Realität.«

»Ich wünsche mir nur drei Dinge im Leben:
      1. mit Diego leben,
      2. weiter malen können,
      3. der kommunistischen Partei angehören.«

»Ich wünsche mir, dass mein Werk einen Beitrag zum Kampf für Frieden und Freiheit leistet.«

»Es gibt nichts Schöneres als Lachen. Lachen ist eine der großen Freuden des Lebens; es lässt uns dessen Schönheit erkennen.«

»Kann man Gefühle in Worte fassen? Ich verrate dir dies: Du bist mein Himmel. Daher spanne ich meine großen Flügel auf und liebe dich grenzenlos.«

BERÜHMTE ZITATE

Diego Rivera

»Ich merke zu spät, dass meine große Liebe zu Frida der wundervollste Teil meines Lebens war.«

»Fridas Werk ist scharf und zart, hart wie Stahl und zerbrechlich wie die Flügel eines Schmetterlings, liebreizend wie ein hübsches Lächeln, tiefgründig und grausam wie die Bitterkeit des Lebens.«

»Mein Stil ist im Augenblick entstanden, wie die Geburt eines Kindes, mit dem Unterschied, dass ihm eine 35-jährige Schwangerschaft vorausgegangen ist.«

»Ich male heute so selbstverständlich wie ich spreche, atme und schwitze.«

»Ich bin kein Pessimist, sondern liebe das sinnliche Vergnügen und genieße meinen inneren Frieden.«

FRIDA UND DIEGO RIVERA

EIN WERK VON FRIDA KAHLO

1931 lebt das Paar in San Francisco. Frida hat gerade ihre zweite Fehlgeburt erlitten. Ihr Bein schmerzt, und sie muss erneut still liegen. Sie malt mehrere Bilder, darunter ein wundervolles Porträt von sich und Diego. In dem Gemälde drückt sich ihre Liebe aus. Diego ist mit einer Farbpalette ausstaffiert, er hat große Füße, und sein Körper ist deutlich imposanter als Fridas. Das entspricht auch der Realität, denn er ist 1,85 Meter groß, während sie nur 1,60 misst.

Frida hat auf dem Bild sehr kleine Füße, als wollte sie damit ihren Respekt vor dem bedeutenden Maler ausdrücken. Deutlich erkennbar ist, dass die Gesichter der beiden Künstler sehr traurig sind. Ein Zeichen dafür, dass das Paar in bewegten Zeiten lebte.

Themen: Die Liebe, Diego, die Stellung der Frau gegenüber dem Mann, das Auf und Ab der Liebe.

Technik: Öl auf Leinwand 100 x 79 cm. Das Gemälde ist im Nationalmuseum von Mexiko ausgestellt.

DER MENSCH KONTROLLIERT DAS UNIVERSUM

EIN WERK VON DIEGO RIVERA

1933 nimmt Diego Rivera einen Auftrag des Milliardärs Nelson Rockefeller an. In einem New Yorker Einkaufszentrum soll er ein riesiges Wandbild malen. Mitten in der Weltwirtschaftskrise.

Der Künstler ist von dem von Nelson gewünschten Thema begeistert: »Der Mensch an einem Scheideweg. Hoffnungsvoll und erleuchtet betrachtet er seine Möglichkeiten für eine bessere und neue Zukunft.«

Rivera macht sich an die Arbeit. Zwei Monate später nimmt das Wandbild erste Formen an. Einige bekannte Gesichter sind zu erkennen: Leo Trotzki, Friedrich Engels und Karl Marx, die treibenden Kräfte des Kommunismus. Die Presse mischt sich ein, und der Skandal ist perfekt.

Themen: Die Zukunft des Menschen, zwei gegensätzliche Gesellschaftsmodelle: die Welt der Reichen (Kapitalismus) und die Welt der Arbeiter (Kommunismus).

Technik: Freskomalerei, Architekturmalerei an Gebäuden; Grautöne: Schwarz-Weiß-Technik wie bei einem Flachrelief.

Der Auftraggeber ist entsetzt und fordert Diego auf, die Konterfeis zu ersetzen. Doch der Künstler weigert sich. Rockefeller sieht sich gezwungen, Diego den Auftrag zu entziehen. Von diesem Misserfolg erholt sich der Maler nur schwer.

Später kehren Diego und Frida nach Mexiko zurück, und Diego malt das gleiche Fresko im Palacio de Bellas Artes in Mexiko-Stadt. Noch während er daran arbeitet, erfährt er, dass sein Wandbild im Rockefeller Center zerstört wurde. Aus malerischer Sicht ist das Fresko kein Erfolg, aber es hat große symbolische Bedeutung.

KÜNSTLER UND FREUNDE

LUPE MARIN

Mexikanische Schriftstellerin, die zweite Frau von Diego Rivera. Das Paar hat zwei Töchter. Nach der Trennung heiratet er Frida Kahlo.

ALEJANDRO GOMEZ ARIAS

Alejandro ist die erste Liebe von Frida Kahlo. Er ist am Tag des Unfalls, der ihr Leben in ein Martyrium verwandelt, mit ihr zusammen. Ihre Freundschaft hält ein Leben lang.

TINA MODOTTI

Aus Italien stammende berühmte Fotografin, Künstlerin und Revolutionärin. Eine gebildete Frau, die nie aufhörte, gegen die Ungerechtigkeit zu kämpfen.

LEO TROTZKI

Russischer Revolutionär. Trotzki und seine Frau werden von Stalin verfolgt und finden Asyl in Mexiko. Diego Rivera und Frida laden das Ehepaar in die Casa Azul ein. Zwischen Leo und Frida wächst eine leidenschaftliche und zugleich unmögliche Beziehung.

ANDRÉ BRETON

Französischer Schriftsteller und Poet. In Frankreich gilt er als der »Papst« der surrealistischen Bewegung. Mit seiner Unterstützung erhält Frida Kahlo ihre erste Ausstellung in Paris.

NICKOLAS MURAY

Amerikanischer Fotograf ungarischer Herkunft. Frida lernt ihn bei ihrer ersten Ausstellung in New York kennen. Zuerst waren sie ein Liebespaar, später Freunde.